www.ingramcontent.com/pod-product-compliance
Lightning Source LLC
Chambersburg PA
CBHW060520290526
45791CB00001B/466
*9781495910234*